Inhalt

Kunststoffmaschinenhersteller - Marktverschiebungen schaffen Optimismus in der Branche

Kernthesen

Beitrag

Fallbeispiele

Zahlen und Fakten

Weiterführende Literatur

Impressum

# Kunststoffmaschinenher - Marktverschiebungen schaffen Optimismus in der Branche

Autor GENIOS BranchenWissen: M.Klems

Kernthesen

- Die Kunststoffmaschinenbauer verzeichnen weltweit nur ein geringes Wachstum.
- Die Absatzmärkte für Kunststoffmaschinen haben sich verändert und Europa erlangt einen neuen Stellenwert.
- Steigende Energie- und Rohstoffpreise zwingen die Hersteller zu Innovationen und zur engen Zusammenarbeit mit den Abnehmern.

Beitrag

Die deutsche Kunststoffmaschinenindustrie ist fokussiert auf den europäischen Markt. 83% der aus Deutschland exportierten Kunststoffe sind für den europäischen Markt bestimmt. Die in 2005 konjunkturellen Wachstumsschwächen in den wichtigen Märkten sowie die gestiegenen Rohstoff- und Energiepreise haben das Investitionsklima beeinflusst. Deutsche Unternehmen sind gefordert mit neuen Innovationen zu reagieren.

Weltweit leicht rückläufig

Die Produktion von Kunststoff- und Gummimaschinen stieg weltweit im Jahr 2005 nur geringfügig auf 18,94 Milliarden Euro. Der Anteil des deutschen Kunststoff- und Gummimaschinenbaus ist dabei im Vergleich zu 2004 um 2% auf 24,4% gefallen. Für 2006 rechnet die Branche allerdings wieder mit einem Produktionszuwachs von 4%. Neben den deutschen Produzenten melden auch italienische und japanische Unternehmen einen leichten Rückgang. Zulegen konnten die Chinesen und Amerikaner. Die chinesischen Firmen konnten dabei im internationalen Ranking den Platz hinter den Italienern belegen und befinden sich damit auf dem dritten Platz. Angeführt wird die Weltrangliste der Produktionsanteile von Deutschland (24,4%), Italien (12,7%), China (12,4%), USA (9,4%) und Japan (9,1%). Allgemein haben sich deutliche Verschiebungen in den internationalen Absatzmärkten ereignet. Die in 2005 konjunkturellen Wachstumsschwächen in den wichtigen Märkten sowie die gestiegenen Rohstoff- und Energiepreise haben das Investitionsklima beeinflusst. Die Absatzregionen haben sich verändert. Die Entwicklung geht weg von Asien nach Europa. In dieser Region kommt es wiederum zu einer Verschiebung in den Märkten im Osten und Süden. In Zahlen haben die Lieferungen nach Europa um 2,7% in 2005 zugenommen während sich in Asien Einbrüche um 43,2% abzeichnen. (9), (15)

Hauptmarkt ist weiterhin Europa

Die deutsche Kunststoffmaschinenindustrie ist fokussiert auf den europäischen Markt. 83% der aus Deutschland exportierten Kunststoffe sind für den europäischen Markt bestimmt. Bei den Verarbeitern hat sich nicht nur der Export in das europäische Ausland seit 1995 verdoppelt, sondern auch die lokale Produktion in Europa hat zugenommen. Die Hälfte der Produktion ist dabei für Europa bestimmt. Im Kunststoffmaschinenbau bleiben zwei Drittel der gelieferten Maschinen auf dem europäischen Kontinent. Neben den Marktdaten zeigte die Fachmesse für Kunststoffverarbeitung (FAKUMA 2006) diesen Trend in den Ausstellerzahlen deutlich auf: Die Messe zählte über 1 400 Aussteller und über 40 000 Besucher - mehr als auf jeder anderen Fachmesse für die Kunststoffverarbeitung. (8), (14)

Kunststoffhersteller bilden Allianz gegen Prozessprobleme

Wie im allgemeinen Maschinenbau werden die Hersteller von Kunststoffmaschinen mittlerweile mehr als nur Lieferanten von Produktionselementen. Die Hersteller von Kunststoffmaschinen haben sich in den vergangenen Jahren zu wesentlichen Systempartnern der verarbeitenden Industrie gemausert. Dabei bieten die Kunststoffmaschinenbauer nicht nur Service und Wartung an, sondern steuern wesentliches Know-How für komplexe Fertigungsprozess bei. Dies bedeutet, dass die Hersteller schon von den Unternehmen im Entwicklungsprozess für Bauteile mit in die Planung einbezogen werden. Die Sparzwänge in der Nutzung der Rohstoffe zwingen hier alle Beteiligten an einen Tisch. (1)

Neue Systeme sollen Effizienz steigern

Der Druck aus Asien und die steigenden Energie- und Rohstoffpreise zwingen die Kunststoffmaschinenbauer zu Innovationen. Die Anforderungen an Kunststoffmaschinen der neuen Generation sind vielfältig. Die Geräte müssen schneller, genauer und produktiver sein. Der Trend bei den Maschinen geht in Richtung Vollelektrik. Dieser Typ Maschinen leistet höhere Genauigkeiten und verbraucht weniger Energie. Ebenfalls stark gefragt sind Mehrkomponenten-Spritzgießmaschinen. Diese füllen verschiedene Kunststoffe in einem einzigen Arbeitsschritt in einer einzigen Form zusammen. Die Demag Plastics Group hat für dieses Verfahren eine Maschinenreihe unter dem Namen Multiplug auf den Markt gebracht. (2)

Positiver Ausblick für einen wichtigen Produktionsrohstoff

Kunststoffe sind in keinem komplexen Produkt mehr wegzudenken. Diese erfüllen mit Eigenschaften wie Leichtigkeit, aber auch hohe Festigkeit zahlreiche

Eigenschaften, die von Anwendungen gefordert werden. Dabei tüfteln Forschungseinrichtungen laufend an neuen Werkstoffverbünden, um immer weitere Anwendungsfälle für Kunststoffe zu finden. Der steigende Kostendruck bei den produzierenden Unternehmen führt zu einer Renaissance auch älterer Verfahren der Kunststofftechnik. Das Schäumen wird in vielen Produktbereichen ein wesentliches Thema werden, da der Materialeinsatz recht gering ist. Derzeit liefern die Hersteller des produzierten Kunststoffs 30% an die Verpackungsindustrie. Der Bausektor nimmt bis zu 25% ab. Die Automobilindustrie kommt auf 10% und 1% gehen in den Zukunftsmarkt Medizintechnik. Die auf einen klaren Wachstumskurs befindliche Weltwirtschaft zieht sämtliche Industrien mit. Hiervon werden laut Expertenmeinungen auch die deutschen Hersteller der Kunststoffindustrie profitieren. Die besten Perspektiven trotz zuletzt schlechter Zahlen haben die asiatischen Märkte, Osteuropa und der Nahe sowie Mittlere Osten. (12), (13), (15)

Fallbeispiele

Adcuram übernimmt Battenfeld

Die SMS Gruppe aus Düsseldorf trennt sich nach eigenen Angaben vom nicht profitablen Teil des Kunststoffmaschinenbaus. Dabei geht die Battenfeld Kunststoffmaschinen GmbH aus dem österreichischen Kottingbrunn mit 13 Töchtern an die Münchner Adcuram Industriekapital. Battenfeld setzt mit 620 Mitarbeitern über 100 Millionen Euro um. Vor kurzem wurde von Battenfeld das Werk in Meinerzhagen geschlossen. (10), (11)

Kunststoffindustrie in Tunesien wächst

Ein neues Großprojekt kann der wachsenden kunststoffverarbeitenden Industrie in Tunesien einen weiteren Impuls geben. Eine indische Investorengruppe plant den Bau einer Polyethylen-Anlage in Südtunesien. Die Kapazitäten der Anlage würden nicht nur den tunesischen Bedarf, sondern auch die Nachfrage in der nordafrikanischen Region abdecken. Tunesien ist aufgrund geringer Löhne, der Nähe zum europäischen Markt und steuerlicher Vorteile für Investoren sehr interessant. Der Bruttoproduktionswert in der Kunststoffverarbeitung im Jahr 2005 erreichte nach offiziellen Angaben einen Wert von rund 262 Millionen Euro. (3)

Deutsche Maschinen in Israel geschätzt

Die Nachfrage der israelischen Kunststoffindustrie nach leistungsfähigen und arbeitssparenden Maschinen steigt laufend. Die Produktion der Branche lag 2005 um 37,4% über dem Wert aus dem Jahr 2000. Zur Erhaltung der internationalen Wettbewerbsfähigkeit investieren die Israelischen Unternehmen laufend in moderne Maschinen sowie in Forschung und Entwicklung auf dem Sektor der Kunststoffverarbeitung. Der Anteil deutscher Lieferungen ist seit 2000 mit einem Anteil von 25%-30% sehr hoch. Auch für die kommenden Jahren wird den deutschen Unternehmen eine Führungsrolle zugesprochen. (4)

Hongkong kauft wieder mehr deutsche Kunststoffmaschinen

Nach einem dramatischen Einbruch von 40% bei den

Bestellungen in 2005 machen deutsche Hersteller von Kunststoffmaschinen in Hong Kong wieder Boden gut. Über 90% der importierten Anlagen werden nach Südchina transportiert. Viele Betriebe im chinesischen Perlflussdelta, dem Zentrum der chinesischen Leichtindustrie, sind im Besitz von Hongkonger Investoren. Hauptabnehmer für Kunststoff-maschinen in China ist die Spielzeugindustrie. Eine weitere wesentliche Kundengruppe stellt die Haushalts- und Konsumelektronik dar. Neben den japanischen Herstellern, die Maschinen im Wert von rund 200 Millionen Dollar nach Hongkong lieferten, kamen die deutschen Lieferanten auf 28 Millionen Dollar in 2005. (5)

Hoher Importbedarf für Maschinen nach Russland

Der von Importen abhängige russische Markt für Kunststoff- und Gummimaschinen verzeichnet eine Verdreifachung der Lieferungen zwischen 2000 und 2004. Die deutschen Hersteller nehmen mit 40% Lieferanteil die Führungsrolle ein. Es folgen Anbieter aus Italien (22%), Österreich (8%) und Frankreich (5%). Auch zukünftig gestaltet sich der Ausblick für die Branche als äußerst positiv. Nachfragen kommen dabei aus allen wesentlichen Industriegruppen. Hierzu gehören die Verpackungs-, Automobil- und Pharmaindustrie. Ingesamt rechnet die russische Wirtschaft mit einem Jahreswachstum von 5 bis 6%. (6)

Australien importiert mehr Kunststoffmaschinen

Die Einfuhr von Kunststoff- und Gummimaschinen nach Australien konnte 2005 um 32,3% wachsen. Einen hohen Anteil haben deutsche Maschinen, die mit einem Volumen von 37,7 Millionen Euro um fast 42% anstiegen. Australien stellt sich dabei als reines Importland dar, da es so gut wie keine Hersteller auf dem Kontinent gibt. Die deutschen Hersteller müssen in der Führungsrolle gegen die ansteigenden Importe aus Asien, insbesondere aus China, Taiwan und Korea bestehen. (7)

Zahlen & Fakten

Export nach Länderblöcken im Kernmaschinenbau in Prozent in 2005

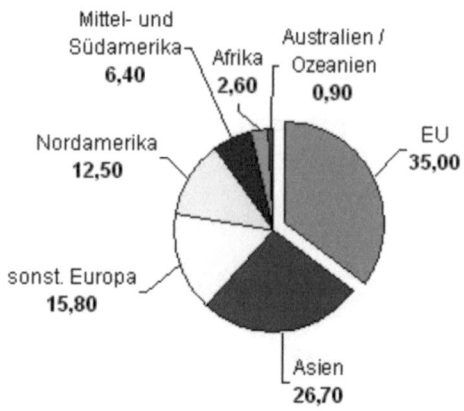

Quelle: Statistisches Bundesamt, VDMA

Entnommen aus: Kunststoffe, Heft 9/2006, S. 24-29

Exportvolumen der deutschen Kunststoff- und Gummimaschinenbauer weltweit in Millionen Euro

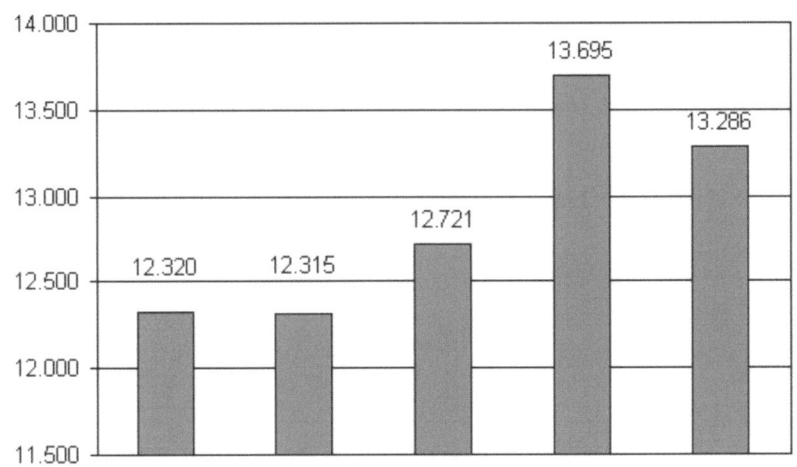

Quelle: Nationale statistische Ämter, VDMA

Entnommen aus: Kunststoffe, Heft 9/2006, S. 24-29

Weiterführende Literatur

(1) Kunstoffhersteller als Systempartner Allianz gegen Prozess-Probleme
aus HANDELSBLATT online 05.10.2006 14:09:43

(2) Neue Spritzgieß-Systeme und Schaum sollen Effizienz steigern
aus Handelsblatt Nr. 190 vom 02.10.06 Seite c02

(3) Kunststoffverarbeitende Industrie in Tunesien

wächst
aus Handelsblatt Nr. 190 vom 02.10.06 Seite c02

(4) Deutsche Kunststoffverarbeitungsmaschinen in Israel geschätzt
aus Handelsblatt Nr. 190 vom 02.10.06 Seite c02

(5) Hongkong kauft wieder mehr deutsche Kunststoffmaschinen
aus Handelsblatt Nr. 190 vom 02.10.06 Seite c02

(6) Hoher Importbedarf für Kunststoff- und Gummimaschinen in Russland
aus Handelsblatt Nr. 190 vom 02.10.06 Seite c02

(7) Australien importiert mehr Kunststoffmaschinen
aus Handelsblatt Nr. 190 vom 02.10.06 Seite c02

(8) Innovative Maschinentechnik für komplexeres Produktdesign
aus VDI NR. 40 VOM 06.10.2006 SEITE 31

(9) VDMA: Kunststoff- und Gummi-Maschinenbau hält Weltmarktanteil von 24,4 % Export-Weltmeister trotz Umsatzrückgang
aus Industrieanzeiger, Heft 25, 2006, S. 7

(10) Adcuram erwirbt Battenfeld
aus Süddeutsche Zeitung, 14.10.2006, Ausgabe Deutschland, S. 28

(11) SMS verkauft Bereich an Adcuram
aus Handelsblatt Nr. 199 vom 16.10.06 Seite 18

(12) Kunststoffverarbeitung Plastik hält die Welt zusammen
aus HANDELSBLATT online 05.10.2006 13:59:58

(13) VisionWorks - Mit Kunststoffen werden Konstruktionsvorhaben Wirklichkeit
aus Konstruktionspraxis Sonderheft 5 Tipps und Tricks vom 02.11.2006 Seite 44

(14) Schaufenster Europas
aus MM MaschinenMarkt Nr. 40 vom 02.10.2006 Seite 20

(15) Fundierter Optimismus
aus Kunststoffe, Heft 9/2006, S. 24-29

Impressum

Kunststoffmaschinenhersteller - Marktverschiebungen schaffen Optimismus in der Branche

Bibliografische Information der deutschen Nationalbibliothek

Die Deutsche Nationalbibliothek verzeichnet diese Publikation in der deutschen Nationalbibliografie; detaillierte bibliografische Daten sind im Internet über http://dnb.d-nb.de abrufbar.

ISBN: 978-3-7379-2596-9

© 2015 GBI-Genios Deutsche Wirtschaftsdatenbank GmbH, Freischützstraße 96, 81927 München, www.genios.de

Alle Rechte vorbehalten. Dieses Werk ist einschließlich aller seiner Teile – z.B. Texte, Tabellen und Grafiken - urheberrechtlich geschützt. Jede Verwertung außerhalb der Grenzen des Urheberrechtsgesetzes bedarf der vorherigen Zustimmung des Verlags. Dies gilt insbesondere auch für auszugsweise Nachdrucke, fotomechanische

Vervielfältigungen (Fotokopie/Mikroskopie), Übersetzungen, Auswertungen durch Datenbanken oder ähnliche Einrichtungen und die Einspeicherung und Verarbeitung in elektronischen Systemen.